Learning to Get Along®

I0881684

Talk and Work It Out

Hablar y resolver

Cheri J. Meiners, M.Ed.

Ilustrado por Meredith Johnson

Traducido por Edgar Rojas, EDITARO

free spirit PUBLISHING®

Library of Congress Cataloging-in-Publication Data
Meiners, Cheri J., 1957–
Talk and work it out = Hablar y resolver / Cheri J. Meiners, M.Ed. ; ilustrado por Meredith Johnson ; traducido por Edgar Rojas.
pages cm. — (Learning to get along series)
ISBN 978-1-57542-497-2 (pbk.) — ISBN 1-57542-497-5 (pbk.) 1. Interpersonal conflict—Juvenile literature. I. Johnson, Meredith, illustrator. II. Rojas, Edgar. III. Meiners, Cheri J., 1957– Talk and work it out. IV. Meiners, Cheri J., 1957– Talk and work it out. Spanish. V. Title. VI. Title: Hablar y resolver.
BF637.I48M45 2015
158.2—dc23

2014043602

ISBN: 978-1-57542-497-2

Edited by Marjorie Lisovskis
Translation by Edgar Rojas, EDITARO
Translation edited by Dora O'Malley

Printed by: 590835
Printed in: China

Free Spirit Publishing
An imprint of Teacher Created Materials
9850 51st Avenue North, Suite 100
Minneapolis, MN 55442
(612) 338-2068
help4kids@freespirit.com
freespirit.com

FSC
www.fsc.org
MIX
Paper from responsible sources
FSC® C155903

Dedication

To my nieces and nephews: Kris, Katie, Laura, James, Nevin, Emily, Julie, and Christine who choose to work out problems peacefully.

Dedicatoria

Para mis sobrinas y sobrinos: Kris, Katie, Laura, James, Nevin, Emily, Julie y Christine quienes decidieron resolver conflictos de manera cordial.

Aa Bb Cc Dd Ee Ff Gg Hh Ii Jj Kk
1 2 3 4 5 6

I’m learning to get along with lots of people.

Estoy aprendiendo a llevarme bien con mucha gente.

Sometimes I don't agree with a person.
It's okay to have different ideas.

Algunas veces no estoy de acuerdo con alguien.
Es correcto tener ideas diferentes.

But if something really bothers me,

Pero si algo me molesta demasiado,

I can choose to work things out.

puedo escoger la manera de solucionar las cosas.

I can stop and take a big breath to calm myself.

I can take time to think about what to do.

Puedo parar y respirar
profundo para
tranquilizarme.

Puedo tomar un
tiempo para pensar
qué puedo hacer.

I may want to talk about the problem.

I can look at the person, and speak up when I tell how I feel.

Quizás quiera hablar sobre el problema.

Puedo mirar a la persona y decirle cómo me siento.

Talk it out

1. Talk about the problem.
2. Listen to understand.
3. Think of ways to solve it.
4. Choose the best plan.

Hablar al respecto

1. Hablar sobre el problema.
2. Escuchar para entender.
3. Pensar en las maneras para resolverlo.
4. Escoger el mejor plan.

I can listen and think about how the other person feels.

Puedo escuchar y pensar sobre cómo se siente la otra persona.

I learn more about the problem when I listen to another view.

Cuando escucho otra opinión, aprendo más sobre el problema.

I can say back what I hear.

Puedo repetir lo que escucho.

This shows that I understand and care.

Esto demuestra que entiendo y tengo interés.

As we talk about the problem, I can be polite and friendly.

A medida que hablamos sobre el problema, puedo ser cortés y amigable.

It feels good to be heard, and to understand things better.

Me siento bien cuando me escuchan y cuando entiendo mejor las cosas.

I can use my imagination to help solve the problem.

Puedo utilizar mi imaginación para ayudar a resolver el problema.

I can think of lots of ideas.

Tengo muchas ideas.

And I can ask the person to help find an answer.

Y puedo pedirle a la persona para que ayude a encontrar una respuesta.

What do you think?
¿Qué piensas?

If I still need help, I can ask a grown-up.

Y si todavía necesito ayuda, puedo preguntarle a un adulto.

I can think about each idea.

Puedo pensar sobre cada idea.

Will we both be happy?
¿Quedaremos ambos contentos?

I can help choose a plan that's good for both of us.
I can cooperate to make things work.

Puedo ayudar a escoger un plan apropiado para los dos.
Puedo cooperar para que las cosas funcionen.

I might share, or take turns, or do something nice.

Puedo compartir, o tomar turnos, o hacer algo agradable.

Sometimes it's hard to find an answer everyone likes.

Algunas veces es difícil encontrar una respuesta que satisfaga a todos.

I can still show respect.

Todavía puedo mostrar respeto.

I'm learning to solve my problems peacefully.

Estoy aprendiendo a resolver mis problemas cordialmente.

Getting along can be more important than getting everything I want.

Llevarme bien con los demás puede ser más importante que conseguir todo lo que quiero.

If I care about someone else's ideas and feelings as much as my own,

Sí me interesan las ideas y los sentimientos de alguien como si fueran propios,

we can usually find a way to work things out.

por lo general podemos encontrar una forma para solucionar las cosas.

Ways to Reinforce the Ideas in *Talk and Work It Out*

As you read each page spread, ask children:

- What's happening in this picture?

Here are additional questions you might discuss:

Pages 1–5

- Is there someone you often get along with? Why do you enjoy being together? What do you enjoy doing?
- How do you feel when something really bothers you? Whose feelings are you thinking about? Why is it a good idea to try to work things out?

Pages 6–9

- Let's take a slow, big breath. *(Demonstrate inhaling and exhaling slowly. Have children imitate you as you breathe with them.)* How do you feel after taking a deep breath?
- What are some other ways to calm down? *(Discuss strategies such as counting to ten, taking a walk, drawing how you feel, telling a doll or pet about it, talking to an adult, and other ideas children suggest.)*
- To work out a problem with someone, what's the first thing you need to do? *(Calmly tell how you feel.)*
- Will it help most to tell how *you* feel, or to tell the other person what *she* or *he* did wrong? Why?
- When you talk to someone, where do you look? How loud should your voice be? *(Help children recognize that it's important to look at the other person and to speak up in a calm, steady voice. The goal is to help the person understand without yelling or blaming.)*

Pages 10–15

- What can you do to be a good listener? *(Stay quiet while someone talks, look at the speaker, think about what you hear, say back what you hear, ask questions, and think about the person's feelings.)*
- How do you feel when someone listens to you? How can listening to the other person help solve the problem?

Pages 16–21

- What are some ideas this boy thought of for solving the problem? What other ideas might work?
- How do you think the girl might feel when he asks her for her ideas?
- Who are some grown-ups you can ask for help to solve a problem?

Pages 22–25

- How do you know if something is a good idea? *(Both people will like the idea, it will solve the problem for a long time, no one will get hurt.)*
- What does it mean to cooperate? How are these children cooperating?

Pages 26–29

- When is it hard to find an answer everyone likes?
- What is respect? *(When you show respect to people, you show that you think they are important.)*

- How can you show respect even if you don't agree with someone? *(Stay calm, listen politely, show that you understand how the person feels.)*
- Have you ever tried to make someone else feel happy by doing what the person wanted instead of what you wanted to do? What happened? How did the person feel? How did you feel?

Pages 30–31

- If you care about how someone else feels, how will you act?
- When there's a problem, what can you do to try to work it out? *(You may want to review the steps cited on pages 9 and 33–34 and covered in detail on pages 8–25: Talk about the problem together respectfully, listen, think of possible solutions, choose the best idea to try.)*

Problem-Solving Games

Talk and Work It Out teaches skills for peaceful problem solving. Here is a rhyme that presents the skills in an easy-to-remember four-step model:

1. **Talk about the problem.**
2. **Listen to understand.**
3. **Think of ways to solve it.**
4. **Choose the best plan.**

Read this book often with your child or group of children. Once children are familiar with the book, refer to it when teachable moments arise involving positive behavior and problems related to solving conflicts. Notice and comment when children express their feelings calmly and respectfully, listen to another viewpoint, and work cooperatively to find solutions. In addition, use the following activities to reinforce children's understanding of and facility with skills for resolving problems.

Problem-Solving Finger Play *(reinforces Skill Steps 1–4)*

Have children recite the four problem-solving steps (above) as a poem. Use gestures for the first word in each line: "Talk . . ." (point to your mouth); "Listen . . ." (point to your ear); "Think . . ." (point to your head); "Choose . . ." (point to the palm of your other upheld hand).

I-Messages *(reinforces Skill Step 1)*

Preparation: On index cards, write problem scenarios similar to the following. Use real situations that fit your setting and children, but do not use their real names. On the back of each card, give two example responses. Make the first response an I-message—an assertive, effective response that begins with the word "I" and explains what the child thinks or feels. Make the second response an ineffective one that blames others. Place the cards in a bag.

Sample Scenarios and Responses:

- Someone takes a toy you are playing with. *("I'm still playing with that." "You always take my stuff! Give it back!")*
- Someone calls you a name. *("I don't like being called that." "You are that, too!")*
- One friend lets another friend cut in line ahead of you. *("I was already here. I don't think it's fair to let someone else in." "Hey, you can't do that!")*

Directions: Have a child draw a card. Read the scenario aloud, and then read the responses on the back. Ask, "What's a good way to talk about the problem?" or, "Which one tells how you would feel?" The child chooses the best response. Follow up by asking, "Why is that a good thing to say?" Talk about why a mean or angry "you-message" doesn't help solve a problem. (It blames someone; you and the other person might get more upset; it isn't respectful.) Also talk about how using an I-message can help keep things calm and help everyone stay respectful.

Extension: Have the child suggest a helpful response on his or her own, without the prompts on the back of the card. Then invite children to role-play the scenario.

"Say It Back" Circle Game *(reinforces Skill Step 2)*

Preparation: Have children sit in a circle. For large groups, have more than one circle of 6–8 children. Each circle needs one beanbag or soft toy.

Directions: Name a topic, such as colors (sports, desserts, TV shows, toys, books). Give the beanbag to a child and ask the child to name his or her favorite color. ("I like green.") The child then tosses the beanbag to another child, who "says it back" and then adds a new comment. ("Kayla, you like green. I like purple.") That child then throws the beanbag to another child, and play continues. ("Howie, you like purple. I like pink.") Change the topics randomly. Discuss how well children are listening when they say back what they hear. Also emphasize that although they like different things, they can share their feelings and get along.

Listening with an Open Mind *(reinforces Skill Step 2)*

Materials: Quart-size glass jar with lid, drawing paper and marker, tape, 8–10 clothespins

Preparation: Draw and cut out a face (about 4" high x 3" wide); tape the face to the jar.

Directions: Show children the open jar and say, "Let's pretend this jar is a person." Point to the face: "See—it's the person's head." Put the lid on the jar and say, "When someone won't listen to new ideas, we say the person's mind is closed. Pretend these clothespins are new ideas. Do you think the ideas will go in when the person isn't listening?" After the children guess, stand the jar on the ground with the lid still closed and try to drop clothespins into it. Ask, "What happens to new ideas when we're not listening?" (The ideas don't go in.) Then remove the lid and drop the clothespins again, carefully, so they go into the jar. Say, "When we decide to really listen, we have an open mind. Then we can hear and understand new ideas." Ask, "What can we do to listen with an open mind?" Discuss guidelines such as the following:

- **Stay quiet while someone else talks.**
- **Think about what the person said.**
- **Ask questions to make sure you understand.**
- **Look at the person talking.**
- **Say back what you heard.**
- **Think about how the person might feel.**

Then let children take turns trying to drop clothespins into the jar. When a child's clothespin goes in, ask the child to state a listening guideline.

Variation: Have each child make an individual "open mind" by putting a face on a baby-food jar and dropping in paper clips.

Brainstorming *(reinforces Skill Step 3)*

On index cards, write problem situations that occur in your setting or that you know children will relate to. (See samples, below.) Read or have children read a scenario. Write it at the top of a whiteboard or piece of chart paper. Then say, "Let's *brainstorm* ideas for solving this problem. We'll think of all the things you could possibly do. All ideas are okay when we brainstorm." Prompt children as needed so you have four possible solutions. List the solutions on the board or chart paper. Encourage children to wait to evaluate the ideas until later. You might say, "Later we'll get a chance to choose the best plan. Right now we'll just think of ideas."

After brainstorming, save the whiteboard or chart paper to be used in the following game. Or, if you wish, record all the ideas on the backs of the index cards for future reference.

Sample Problem Scenarios:	Sample Solutions:
Someone pushes you in line.	Push the person back. Tell an adult. Say, "I don't like to be pushed." Ignore it.
You and another child want to watch different TV shows.	Turn off the TV. Take turns watching a show. Yell and hit the person. Find a show you both like.

"Choosing the Best Plan" Game and Role Play *(reinforces Skill Step 4)*

Preparation: You will need the problem scenarios and solutions from the "Brainstorming" game. Each child will need paper, a pencil, a blue crayon, and a red crayon.

Level 1

Give children paper and pencils and have them number their paper 1–4. Distribute the red and blue crayons. Read aloud a scenario and the first solution. Ask, "Would this work well for both people? Why or why not?" If the answer is yes, have children draw a red smiley face or star next to number 1. Then ask, "Would this solve the problem for a long time?" If yes, have children draw a blue face or star next to the same number. Continue for each solution. Then ask each child, "Which do you think is the best plan? Why?" Accept all appropriate answers, helping children to understand that the best plan is one that works for both people and can work for a long time.

Level 2

Group children in pairs. Have partners role-play the problem scenario, with one child suggesting the solution she or he chose in Level 1. Then have children switch roles.

Level 3

When a real problem arises, discuss it with the children involved once they are calm. Talk about how they chose to handle the situation, what other options they had, and how they might handle it next time. Children may want to use the system of evaluating solutions with the red and blue crayons to help them in their decision making.

Maneras para reforzar las ideas sobre *Hablar y resolver*

A medida que lees cada página, pregunte:

- ¿Qué está pasando en esta ilustración?

Estas son otras preguntas adicionales que podrías hacer:

Páginas 1 a 5

- ¿Tienes a alguien con quien por lo general te la llevas bien? ¿Por qué disfrutan de estar juntos? ¿Qué es lo que te gusta hacer?
- ¿Cómo te sientes cuando algo te molesta demasiado? ¿Piensas en cómo se siente alguien? ¿Por qué es buena idea tratar de solucionar las cosas?

Páginas 6 a 9

- Respiremos lenta y profundamente. *(Demuestra cómo inhalar y exhalar lentamente. Pide a los niños que te imiten a medida que respiras con ellos).* ¿Cómo te sientes después de respirar profundo?
- ¿Cuáles son otras maneras para tranquilizarse? (*Habla sobre las estrategias como contar hasta diez, ir a caminar, dibujar la forma como te sientes, contarle a tu mascota o a tu muñeco lo que sientes, hablar con una persona adulta u otras ideas que los niños sugieran).*
- ¿Qué es lo primero que necesitas hacer para resolver un problema con alguien? *(Habla en forma calmada sobre cómo te sientes).*
- ¿Qué te ayudaría más, decir cómo te sientes, o decirle a la otra persona que ha cometido un error? ¿Por qué?
- Cuando hablas con alguien, ¿hacia dónde miras? ¿Qué tan fuerte deberías hablar? *(Ayuda a los niños a entender que es importante mirar a la otra persona y hablar con la voz calmada y estable).*

Páginas 10 a 15

- ¿Qué puedes hacer para ser un buen escucha? (*Permanece en silencio mientras alguien habla, mira a quien está hablando, piensa sobre lo que estás escuchando, repite lo que escuchas, haz preguntas y piensa sobre los sentimientos de esa persona).*
- ¿Cómo te sientes cuando alguien te escucha? ¿Por qué el escuchar a la otra persona ayuda a resolver el problema?

Páginas 16 a 21

- ¿Cuáles son algunas de las ideas que el niño tuvo para resolver el problema? ¿Cuáles otras ideas podrían funcionar?
- ¿Cómo crees que la niña se va sentir cuando el niño le pregunte sobre sus ideas?
- ¿Cuáles son algunos de los adultos a quienes les podrías pedir ayuda para resolver un problema?

Páginas 22 a 25

- ¿Cómo sabes si algo es una buena idea? *(Ambas personas van a estar de acuerdo con la idea, el problema se va a resolver por largo tiempo y nadie va a ser afectado).*
- ¿Qué significa cooperar? ¿Cómo están cooperando estos niños?

Páginas 26 a 29

- ¿Cuándo es difícil encontrar una respuesta que satisfaga a todos?
- ¿Qué es respeto? *(Cuando muestras respeto por la gente, estás demostrando que piensas que ellos son importantes).*
- ¿Cómo puedes mostrar respeto aun cuando no estés de acuerdo con alguien? *(Permanece tranquilo, escucha atentamente, muestra que entiendes cómo se está sintiendo esa persona).*
- ¿Haz tratado de hacer sentir a alguien feliz haciendo lo que esa persona quiere en lugar de hacer lo que tú quieres? ¿Qué sucedió? ¿Cómo se sintió esa persona? ¿Cómo te sentiste?

Páginas 30 y 31

- Si te interesa la manera cómo alguien se siente, ¿cómo deberás actuar?
- Cuando hay un problema, ¿qué puedes hacer para tratar de resolverlo? *(Podrías volver a repasar los pasos citados en las páginas 9, 37 a 39 entrar más en detalle en las páginas 8 a 25: Habla conjunta y respetuosamente sobre el problema, escucha, piensa en las posibles soluciones y escoge la mejor idea para intentar resolverlo).*

Juegos para resolver problemas

Hablar y resolver enseña sobre los hábitos para solucionar conflictos de manera cordial. A continuación se presenta una lista de habilidades en cuatro pasos para ser recordadas con facilidad:

1. **Hablar sobre el problema.**
2. **Escuchar para entender.**
3. **Pensar en las maneras para resolverlo.**
4. **Escoger el mejor plan.**

Lee este libro con frecuencia junto con tu niño o con un grupo de niños. Una vez los niños se familiaricen con la lectura, practícala cuando se presenten momentos de aprendizaje que involucren un comportamiento positivo y problemas relacionados para resolver conflictos. Resalta y comenta cuando ellos expresan sus sentimientos de manera tranquila y respetuosa, escuchan otras opiniones y trabajan en cooperación para encontrar soluciones. Además, utiliza las siguientes actividades para reforzar en los niños el entendimiento de los problemas y las habilidades para resolverlos.

Juego con los dedos para resolver problemas *(refuerza la lista de las habilidades 1–4)*

Pide a los niños que reciten en forma de poema los cuatro pasos para resolver problemas (arriba). Utiliza gestos para enfatizar la primera palabra en cada línea: "Hablar . . . " (señala tu boca); "Escuchar . . . " (señala tus oídos); "Pensar . . . " (señala tu cabeza); "Escoger . . . " (señala hacia la palma de tu otra mano).

Mis-Mensajes *(refuerza la habilidad 1)*

Preparación: Escribe en tarjetas de registro casos de problemas similares a los siguientes. Utiliza situaciones reales relacionadas con los niños y su medio ambiente pero no uses sus nombres propios. Escribe dos ejemplos de respuestas en la parte trasera de cada tarjeta. Llama a la primera respuesta Mis-Mensajes (una respuesta certera y efectiva) que comience con la palabra "Yo" y explica lo que piensa o siente el niño). La segunda respuesta no debe ser la apropiada porque se va a culpar a otros. Coloca las tarjetas en una bolsa.

Ejemplos de situaciones y respuestas:

- Alguien te quita el juguete con que estás jugando. *("Yo todavía estoy jugando con el juguete". "¡Tú siempre me quitas mis cosas! ¡Devuélvemelo!").*
- Alguien te pone un sobrenombre. *("No me gusta que me llames con ese nombre". "¡Tú también eres así!").*
- Uno de tus amigos deja entrar a otro amigo en la fila en frente de ti. *("Yo ya estaba aquí. No creo que es justo dejar a alguien entrar a la fila". "¡Oye, no puedes hacer eso!").*

Direcciones: Pide a uno de los niños que saque una tarjeta. Lee en voz alta la situación y después lee la respuesta escrita por detrás. Luego pregunta: "¿Cuál es la mejor manera de hablar sobre un problema?" O, "¿cuál sería la manera de describir cómo te sentirías?" El niño escoge la mejor respuesta. Ahora pregunta: "¿Por qué está bien decir eso? Habla sobre el por qué uno de "Mis-Mensajes" hiriente o enojado no ayuda a resolver un problema. (El mensaje culpa a alguien; tú y la otra persona podrían enojarse aún más; no es respetuoso). También habla de cómo la forma de utilizar "Mis-Mensajes" puede ayudar a mantener las cosas tranquilas y a que todos permanezcan respetuosos.

Extensión: Pide al niño que sugiera una respuesta positiva, con sus propias ideas, sin la ayuda de las notas escritas en la parte trasera de las tarjetas. Luego invita a los niños a que interpreten la situación.

Juego en círculo "Repite lo anterior" *(refuerza la habilidad 2)*

Preparación: Pide a los niños que se sienten en círculo. En el caso de grupos grandes, forma más de un círculo compuesto de 6 a 8 niños. Cada círculo debe tener un juguete pequeño.

Directions: Escoge un tema, como los colores, deportes, tortas, programas de TV, juguetes o libros. Entrega el juguete a uno de los niños y pide que nombre su color favorito. ("Me gusta el verde"). El niño lanza el juguete a otro de los niños quien dice "repito lo anterior" y luego adiciona un nuevo comentario. ("Kayla, a ti te gusta el verde y a mí me gusta el morado"). Luego ese niño lanza el juguete a otro niño y el juego continúa. ("Howie, a ti te gusta el morado y a mí me gusta el rosado"). Cambia de tema aleatoriamente. Habla sobre lo bien que los niños están poniendo atención cuando repiten lo que escuchan. También enfatiza que aun cuando a ellos les gusta cosas diferentes, también pueden compartir sus sentimientos y llevarse bien unos con otros.

Escuchando con la Mente Abierta *(refuerza la habilidad 2)*

Materiales: Una jarra de vidrio con tapa de un cuarto de galón, papel para dibujar y un marcador, cinta y de 8 a 10 pinzas de ropa.

Preparación: Dibuja y corta la silueta de una cara (de unos 10 cm. de alto por 7 cm. de ancho). Adhiérela con la cinta a la jarra.

Direcciones: Muestra la jarra a los niños y afirma: "Imaginémonos que esta jarra es una persona". Señala hacia la cara: "Como pueden ver, es la cabeza de una persona". Coloca la tapa sobre la jarra y afirma: "Cuando alguien no escucha nuevas ideas, decimos que la mente de esa persona está cerrada. Imaginémonos que estas pinzas de ropa son ideas nuevas. ¿Creen que las ideas van a entrar cuando la persona no está escuchando?" Después que los niños respondan, coloca la jarra tapada sobre el piso y trata de introducir las pinzas soltándolas sobre la tapa. Ahora pregunta: "¿Qué sucede con las nuevas ideas cuando no estamos escuchando?" (Las ideas no entran). Luego remueve la tapa y suelta las pinzas de ropa con cuidado para que caigan al interior de la jarra. Continúa diciendo: "Cuando decidimos que de veras queremos escuchar, tenemos una mente abierta y entonces podemos escuchar y entender nuevas ideas". Pregunta: "¿Qué podemos hacer para escuchar con una mente abierta?" Habla sobre las normas como las nombradas a continuación:

- **Permanece en silencio mientras alguien habla.**
- **Piensa sobre lo que está diciendo la persona.**
- **Haz preguntas para asegurarte de que entiendes.**
- **Mira a la persona que está hablando.**
- **Repite lo que escuchas.**
- **Piensa de cómo se está sintiendo esa persona.**

Ahora permite que los niños se turnen para que intenten soltar las pinzas de ropa al interior de la jarra. Cuando uno de ellos logre introducir una de las pinzas, pide que repita una de las normas para escuchar.

Variación: Pide que cada niño fabrique una "mente abierta" individual colocando la cara en una jarra pequeña y soltando ganchos de papel en su interior.

Aportar ideas *(refuerza la habilidad 3)*

Escribe en tarjetas de registro situaciones de problemas que suceden en tu medio o que sabes que los niños van a reconocer (ve varios ejemplos abajo). Lee o pide a uno de los niños que lea la situación. Escribe el problema sobre la parte superior del tablero o en una cartelera de papel. Luego afirma: "Ahora vamos a aportar ideas para resolver este problema. Vamos a pensar en todas las cosas que podrías hacer. Cuando pensamos en grupo, todas las ideas son bienvenidas". Motiva a los niños si es necesario para poder tener cuatro soluciones posibles. Escribe las soluciones sobre el tablero o la cartelera de papel. Anima a los niños a que esperen hasta evaluar las ideas un poco más tarde. Puedes decir: "Más tarde vamos a tener la oportunidad de escoger el mejor plan. Por ahora solo vamos a pensar en las ideas".

Después de aportar ideas, guarda el tablero o la cartelera de papel para utilizarlo en la próxima actividad. O, si lo deseas, puedes escribir todas las ideas en la parte trasera de las tarjetas de registro para utilizarlas como referencia posteriormente.

Ejemplo de situaciones problemáticas:	**Ejemplos de soluciones:**
Alguien te empuja en la fila.	Empuja a esa persona también. Comunícaselo a un adulto. Afirma: "No me gusta que me empujen". Ignóralo.
Otro niño quiere ver otros programas de TV diferentes a los que tú quieres ver.	Apaga la TV. Túrnate para ver los programas en la TV. Grita y golpea a la persona. Encuentra un programa en la TV que les agrade a ambos.

Juego y actividad para actuar "Escogiendo el mejor Plan" *(refuerza la habilidad 4)*

Preparación: Aquí necesitas los diferentes problemas y soluciones del juego anterior 'aportar ideas'. Cada niño necesitará papel, un lápiz, un crayón azul y uno rojo.

Nivel 1

Entrega a los niños el papel y los lápices y pide que marquen el papel de 1 a 4. Ahora distribuye los crayones azul y rojo. Lee en voz alta la situación y la primera solución. Pregunta: "¿Creen que esta solución funciona bien para ambas personas? ¿Por qué sí y por qué no?" Si la respuesta es "sí", pide a los niños que dibujen una cara sonriente con el crayón rojo o una estrella al lado del número 1. Luego pregunta: "¿Creen que esto solucionaría el problema por largo tiempo?" Si la respuesta es "sí", pide a los niños que dibujen una cara sonriente con el crayón azul o una estrella al lado del mismo número. Continúa describiendo cada solución. Luego pregunta a cada niño: "¿Cuál crees que es el mejor plan? ¿Por qué?". Acepta las respuestas apropiadas ayudando a los niños a entender que el mejor plan es el que funciona para ambas personas y puede durar por mucho tiempo.

Nivel 2

Agrupa a los niños en parejas. Uno de ellos debe interpretar el problema y el otro debe sugerir la solución que escogió en el nivel 1. Luego pide que los niños intercambien los papeles.

Nivel 3

Cuando se presente un problema real, discútelo con los niños involucrados después que se hayan tranquilizado. Habla sobre cómo escogieron lidiar con la situación, qué otras opciones tenían y cómo podrían manejar la situación la próxima vez. Quizás los niños puedan utilizar el sistema de evaluación de soluciones con los crayones azul y rojo como una ayuda para tomar sus decisiones.

Acknowledgments

I wish to thank Meredith Johnson, whose charming illustrations resonate so well with the text, and Marieka Heinlen for the exuberant design. I appreciate Judy Galbraith and the entire Free Spirit family for their dedicated support of the series. I am especially grateful to Margie Lisovskis for her diplomatic style as well as her talented editing. I also recognize Mary Jane Weiss, Ph.D., for her expertise and gift in teaching social skills. Lastly, I thank my fantastic family—David, Kara, Luke, Jacob, Blake, Erika, Tyler, James, Tammy, Audrey, Daniel, Meg, Julia, and Andrea—who are each an inspiration to me.

Agradecimientos

Quiero agradecerle a Meredith Johnson por sus encantadoras ilustraciones que se combinan hermosamente con el texto y a Marieka Heinlen por su exuberante diseño. Todo mi aprecio a Judy Galbraith y a la familia de Free Spirit por su apoyo y dedicación por esta serie. Estoy especialmente agradecida con Margie Lisovskis por su sutil estilo y su talento en la edición. También quiero reconocer a Mary Jane Weiss, Ph.D., por su pericia y don en la enseñanza de habilidades sociales. Y por último, quiero agradecer a mi fantástica familia—David, Kara, Luke, Jacob, Blake, Erika, Tyler, James, Tammy, Audrey, Daniel, Meg, Julia y Andrea—quienes son mi inspiración.

About the Author

Cheri J. Meiners, M.Ed., has her master's degree in elementary education and gifted education. The author of the award-winning Learning to Get Along® social skills series for young children and a former first-grade teacher, she has taught education classes at Utah State University and has supervised student teachers. Cheri and her husband, David, have six children and enjoy the lively company of their grandchildren.

Acerca de la autora

Cheri J. Meiners, M.Ed., tiene una maestría en Educación Primaria y Educación Dotada. Es autora de la galardonada serie sobre comportamiento social para niños Learning to Get Along, fue maestra de primer grado, ha dictado clases de educación en la Universidad Estatal de Utah y ha supervisado a maestros practicantes. Cheri y su esposo, David, tienen seis hijos y disfrutan de la compañía de sus alegres nietos.